総本山第六十八世御法主日如上人猊下

御指南集二十八

―― 目次 ――

凡例

一、本書は『大日蓮』誌の令和二年八月号から同三年二月号までに掲載された、総本山第六十八世御法主日如上人猊下の御指南を抄録したものである。

一、各項の題は編集者がつけた。また読者の便宜のため、ルビ等を加筆した。

一、各項末には、御指南がなされた行事名と、『大日蓮』の掲載号およびページ数を記した。

一、本書に使用した略称は次のとおり。

御　書　―　平成新編日蓮大聖人御書（大石寺版）
法華経　―　新編妙法蓮華経並開結（大石寺版）
御書文段　―　日寛上人御書文段（大石寺版）
文句会本　―　訓読法華文句記会本（富士学林版）

①一切衆生《しゅじょう》が父母

大聖人様が『法蓮抄』に、

「然《しか》るに六道四生の一切衆生《しゅじょう》は皆《みな》父母なり」（御書八一五ジペー）

と仰せになっておりますように、衆生が三世にわたって三界六道の生死《しょうじ》を絶え間なく繰り返す生命流転《るてん》の相から見るならば、一切衆生は、まさに父母であることになるのであります。

つまり、私達には両親が二人います。その両親には、また両親がいるわけですから、一世代ごとに、どんどん二倍になっていくのです。ですから、これをずっと勘定《かんじょう》していきますと、これはもう地球上をあふれてしまう数になってしまいますが、そんなに人類はいないのです。だから先祖をたどっていけば、どこかで兄弟であったり親子であったりして、Aさんも何代かさかのぼれば、実は親戚だったというようなことがあるでしょう。

大聖人様は、衆生が三世にわたって三界六道の生死を絶え間なく繰り返す、その生命流転の相からすれば、そのルーツ・因縁をたどっていくと、あなたとあなたは親戚かも知れないということになるので、一見、関係ないようであっても、まさに一切衆生が父母なのであるとおっしゃっているのです。

（得成寺移転新築落慶法要・令和二年八月号20ページ）

② 已今当《いこんとう》三説超過の法華経《ほけきょう》

三説というのは、法華経法師品《ほけきょうほっしほん》に説かれている已今当《いこんとう》のことであります。皆さん方も、已今当の三説というのは聞いたことがあるでしょう。法華経の法師品に、

「我が所説の経典、無量千万億にして、已《すで》に説き、今《いま》説き、当《まさ》に説かん。而《しか》も其《そ》の中に於《おい》て、此《こ》の法華経、最も為《こ》れ難信難解《なんげ》なり」

（法華経三二五ジペー）

という文があるのです。天台大師は、この文を『法華文句《ほっけもんぐ》』のなかで釈されまして、

「今初めに已《い》と言うは、大品《だいぼん》已上の漸頓《ぜんとん》の諸説なり。今《こん》とは同一座席の

無量義経を謂《い》うなり。当《とう》とは涅槃《ねはん》を謂うなり」（文句会本中六四三ジペー）

とおっしゃっているのであります。

また、大聖人様は『法華初心成仏抄《じょうぶつ》』で、

「法華より外《ほか》の経には全《まった》く已今当の文なきなり。已説とは法華より已前の四十余年の諸経を云《い》ひ、今説とは無量義経を云ひ、当説とは涅槃経を云ふ。此の三説の外に法華経計《ばか》り成仏する宗なりと仏定め給《たま》へり」（御書一三〇七ジペー）

とお示しであります。

つまり、已今当の三説の已説とは已《すで》に説いた教えのことで、法華経以前の四十余年の教え、爾前《にぜん》経です。そして、今説というのは無量義経のことを言い、当説というのは涅槃経を指します。この三説のほかに法華経が存しており、法華経が釈尊一代聖教《しょうぎょう》のなかで最勝の教えであることを、大聖人様は『法華初心成仏抄』に明らかに、また解りやすくお説きになっているのであります。
皆さんも「已今当三説超過の法華経」という言葉を聞いたことがあるでしょう。要するに、法華経が三説に超過した最第一のお経であるということです。

〔得成寺移転新築落慶法要・令和二年八月号23ジペー〕

③妙法の広大無辺なる功徳《くどく》

大聖人様は『御義口伝《おんぎくでん》』のなかで、

「今日《いま》蓮が唱ふる処《ところ》の南無妙法蓮華経は末法《まっぽう》一万年の衆生《しゅじょう》まで成仏《じょうぶつ》せしむるなり。豈今者已満足《あにこんじゃいまんぞく》に非《あら》ずや。已《い》とは建長《けんちょう》五年三月廿《にじゅう》八日に始めて唱へ出《い》だす処の題目を指して已と意得《こころう》べきなり。妙法の大良薬《ろうやく》を以《もっ》て一切衆生の無明《むみょう》の大病を治《じ》せん事疑ひ無きなり」（御書一七三二ジペー）

と仰せであります。

すなわち、末法の御本仏宗祖日蓮大聖人が唱えあそばされた本因下種《ほんにんげしゅ》の妙法は、末法万年の衆生までも成仏せしめる大良薬にして、この妙法の大良薬をもって一切衆生の根本の迷いである無明の大病を治することができることは疑いないと仰せられているのであります。

されば『四条金吾《きんご》殿御返事』には、

「真実一切衆生色心《しきしん》の留難《るなん》を止《とど》むる秘術は唯《ただ》南無妙法蓮華経なり」

（同一一九四ページ）

と仰せられているのであります。

私どもはこれらの御文を拝し、本因下種の妙法の広大無辺なる功徳《くどく》を拝信するとともに、この広大無辺なる功徳を一人でも多くの人々に知らしめていくことが今、最も肝要《かんよう》であると知るべきであります。

〔唱題行（七月一日）・令和二年八月号27ページ〕

④ 国を安《やす》んずる最善の方途《ほうと》

大聖人は文応《ぶんおう》元（一二六〇）年七月十六日、近年打ち続く天変地夭《てんぺんちよう》、飢饉《ききん》疫癘《えきれい》、遍《あまね》く天下に満ち、混沌《こんとん》とした末法濁悪《まっぽうじょくあく》の世相を深く憂《うれ》えられ、国土衰退の根本原因は経論に照らして、邪義邪宗の謗法《ほうぼう》の害毒にあると断ぜられ、もし邪義邪宗への帰依《きえ》をやめなければ、自界叛逆《ほんぎゃく》・他国侵逼《しんぴつ》の二難をはじめ、様々な難が必ず競い起こると予言され、こうした災難を防ぐためには、

「汝《なんじ》早く信仰の寸心を改めて速《すみ》やかに実乗の一善に帰《き》せよ。然《しか》れば則《すなわ》ち三界は皆《みな》仏国なり、仏国其《そ》れ衰《おとろ》へんや。十方は悉《ことごと》く宝土《ほうど》なり、宝土何ぞ壊《やぶ》れんや。国に衰微《すいび》無く土《ど》に破壊《はえ》無くんば、身は是《これ》安全にして心は是禅《ぜん》定《じょう》ならん。此《こ》の詞《ことば》此の言《こと》信ずべく崇《あが》むべし」（御書二五〇ジペー）

と仰せられて、仏国土を実現するためには一刻も早く謗法の念慮《ねんりょ》を断《た》ち、「実乗の一善」に帰することであると誡《いまし》められたのであります。

「実乗の一善」とは、文上の法華経《ほけきょう》ではなく、法華《ほっけ》本門寿量品文底《もんてい》秘沈の妙法蓮華経のことであり、三大秘法の随一、大御本尊のことであります。すなわち、この大御本尊に帰依することが、国を安《やす》んずる最善の方途《ほうと》であると仰せられているのであります。

〔七月度広布唱題会・令和二年八月号31ジペー〕

⑤ 立正安国《りっしょうあんこく》の実現を図る

総本山第二十六世日寛上人は『立正安国論《りっしょうあんこくろん》』の「立正」の両字について、

「立正の両字は三箇の秘法を含むなり」（御書文段六ジペー）

と仰せであります。

すなわち「立正」とは、末法《まっぽう》万年の闇を照らし、弘通《ぐずう》するところの本門の本尊と戒壇《かいだん》と題目の三大秘法を立つることであり、国土安穏《あんのん》のためには、この三大秘法を立つることこそ肝要《かんよう》であると仰せられているのであります。

また「安国」の両字については、

「文は唯《ただ》日本及び現在に在り、意は閻浮《えんぶ》及び未来に通ずべし」

（同五ジペー）

と仰せられています。つまり「国」とは、一往は日本国を指しますが、再往は全世界、一閻浮提を指しているのであります。

さらに『立正安国論』は、その対告衆《たいごうしゅ》は北条時頼《ときより》であり、予言の大要は自界叛逆難《ほんぎゃく》・他国侵逼難《しんぴつ》の二難でありますが、実には一切衆生《しゅじょう》に与えられた諫言書《かんげん》であります。

また、一往は専《もっぱ》ら法然《ほうねん》の謗法《ほうぼう》を破折《はしゃく》しておりますが、再往元意《がんい》の辺は広く諸宗の謗法を破折しているのであります。

したがって『立正安国論』は、一往付文《ふもん》の辺では、当時の為政者《いせいしゃ》に対する諫言書でありますが、再往元意の辺から拝せば、末法の一切衆生に対し、自行の信心のみならず、化他《けた》行の折伏を行じ、立正安国の実現を図るべきことを諫言・指南された書であると言えるのであります。

〔七月度広布唱題会・令和二年八月号32ページ〕

⑥ 法華経《ほけきょう》は随自意《ずいじい》の教え

法華経《ほけきょう》は難信難解《なんげ》と言われますが、その所以《ゆえん》について『法華文句《ほっけもんぐ》』には、

「法華経は一切の差別を融通《ゆうずう》、つまり融《と》け合って差し障《さわ》りがないために一法に帰《き》し、かつ久遠《くおん》以来の師弟の関係を明かす故に、従来説くところとは異なるので、信じ難く解し難いのである」

(文句会本中六四三ジペー取意)

とおっしゃっているのであります。

また大聖人様は、これについて『観心本尊抄』に伝教大師の指南を引かれて、

「伝教大師云《い》はく『此《こ》の法華経は最も為《こ》れ難信難解なり、随自意《ずいじい》の故

に』等云云《うんぬん》」（御書六四七ジペー）

と、法華経という教えは随自意の教えであるから難信難解であることをお示しであります。

仏様の説法には、随他意と随自意とがあるのです。随他意というのは他の機根に随《したが》って説く教えですから、その人その人の機根に応じて、やさしく説いたり、色々に説くわけです。しかし随自意は、そうではないのです。随自意というのは、仏様が自らの悟《さと》りをそのまま説き示すことであり、また、その真実の教えそのものを随自意の教えと言うのです。したがって、法華経は随自意の教えであり、他の機根に随った教えとは違うのであります。

『観心本尊抄』には、

「法華経の迹門《しゃくもん》や爾前《にぜん》経・無量義経・涅槃《ねはん》経等の已今当《いこんとう》の三説は、ことごとく随他意の教え、つまり仏様が機根に随って説いた教えだから、信じやすく理解しやすい。しかし、本門は已今当の三説のほかにあって難

信難解、随自意の教えである」（同六五五ジペー取意）

と明言されているのです。

例えば、三歳の子供に話をするときには、それに合わせて、やさしく話すでしょう。また勧善懲悪《かんぜんちょうあく》を教えるときには、「花咲《はなさ》かじじい」とか「桃太郎」の話など、あれは実在の人物ではありませんが、そういう譬《たと》え話を用いたりもするでしょう。このように機根に随って解りやすく説くのを随他意と言うのです。

これに対して法華経本門は、これら已今当の三説の随他意の教えを超過したところの随自意の教えであるとおっしゃっているのであります。

〔得成寺移転新築落慶法要・令和二年九月号20ジペー〕

⑦ 妙法信受の広大な功徳《くどく》

釈尊は結要付嘱《けっちょう》に当たって、吐舌相《とぜつ》・通身放光・謦欬《きょうがい》・弾指《だんじ》・地六種動・普見大会《ふけんだいえ》・空中唱声《しょう》・咸皆帰命《げんかいきみょう》・遥散諸物《ようさんしょもつ》・十方通同という十種の神通力を現じたのであります。

まず最初が「吐舌相」で、これは先程出てきました梵天《ぼんてん》まで届く長い舌《した》を出すことで、真実を証明する意味があります。

それから「通身放光」は、全身の毛孔《もうこう》から光を出し、あまねく十方世界を照らすことです。これは仏様の智慧を表しており、仏様は十方を照らす智慧を持っていらっしゃるということです。

次の「謦欬」というのは、簡単に言うと咳《せき》払いです。法を説く時に咳払いをするのは、真実をことごとく開示して、滞《とどこお》ることがないことを示しているのです。

それから四番目が「弾指」で、指を弾《はじ》く、指を鳴らすことです。これは随喜、喜びを表すという意味があります。

そして「地六種動」というのは、地が六種に震動することです。これは、一切の人の六根を動じて、清浄を得せしめるためであります。

それから六番目が「普見大会」で、十方世界の衆生《しゅじょう》が霊山会《りょうぜんえ》を見て歓喜することです。これは諸仏の道が皆、同じであることを表しているのであります。

七番目が「空中唱声」で、諸天善神が虚空《こくう》から十方世界の大衆に向かって、釈尊の法華経《ほけきょう》の説法に心から随喜し供養せよと、声高《こわだか》に発することです。これは未来に、この教法が弘通《ぐずう》されることを示されているのであります。

八番目が「咸皆帰命」で、これは今言った空中唱声を聞きまして、衆生がことごとく仏に帰依《きえ》することを言うのであります。咸皆帰命の咸は「ことごとく」という意味で、これは未来にこの教法を受持《じゅじ》する人々で国土が充満する、皆ことごとく帰命することを示されております。

それから「遥散諸物」というのは、十方から仏に供養する諸物が寄せられ、雲のように諸仏の国土を覆《おお》うことで、これは未来にこの教法に基づいて修する行法のみになることを表しているのであります。

最後が「十方通同」で、十方世界ことごとくが一仏土であるということです。これは未来に修行によって一切衆生の仏知見が開示されまして、究竟《くきょう》の真理が国土に行き渡ることを言うのであります。

この十神力について『法華文句記《ほっけもんぐき》』(文句会本下四六五ジペー)では、初めの五神力と、あとの五神力とを分けて、前の五神力は在世のためのもの、のちの五神力は滅後のためのものであると説かれており、我々が妙法を信受する功徳《くどく》は、この十神力を現ずることができるほど広大なものがあるのであります。

〔得成寺移転新築落慶法要・令和二年九月号22ジペー〕

⑧ 大御本尊様にその身を任せる

大聖人様は『最蓮房御返事』に、

「法華経《ほけきょう》の行者は信心に退転《たいてん》無く身に詐親《さしん》無く、一切法華経に其《そ》の身を任せて金言《きんげん》の如《ごと》く修行せば、慥《たし》かに後生《ごしょう》は申すに及ばず、今生《こんじょう》も息災延命にして勝妙の大果報を得、広宣流布《こうせんるふ》の大願をも成就《じょうじゅ》すべきなり」

（御書六四二㌻）

と仰せであります。

「息災延命」とは、災《わざわ》いを取り去り、命を延ばすことで、災難や障害のない幸せな境界、生活を言います。

信心に怠《おこた》りなく、身に詐親なく、すなわち詐《いつわ》り親しむことなく、一切、法華経にその身を任せて、すなわち大御本尊様にその身を任せて、御金言の如く修行すれば、後生は申すに及ばず、今生においてもいかなる難局も乗り越え、必ず幸せな境界を築くことができると仰せられているのであります。

今、日本のみならず世界中で蔓延《まんえん》している新型コロナウイルス感染症によって騒然《そうぜん》とした状況を見る時、私どもはこの御金言を拝し、なお一層の信心をもって、この難局を乗りきっていかなければならないと思います。

〔唱題行（七月十一日）・令和二年九月号27ジペー〕

⑨ 必ず心の固きに仮《よ》りて神の守り則《すなわ》ち強し

大聖人様は『乙《おと》御前御消息《しょうそく》』に、

「妙楽大師のたまはく『必ず心の固きに仮《よ》りて神の守り則《すなわ》ち強し』等云《うん》云《ぬん》。人の心かたければ、神のまぼり必ずつよしとこそ候《そうら》へ。是《これ》は御《おん》ため に申すぞ。古《いにしえ》の御心ざし申す計《ばか》りなし。其《そ》れよりも今《いま》一重強盛《ごうじょう》に御志あるべし。其の時は弥々《いよいよ》十羅刹女《じゅうらせつにょ》の御まぼりもつよかるべしとおぼすべし」（御書八九七ジペー）

と仰せであります。

この御文の如《ごと》く、いかなる難事が来ようとも、なお一層、大御本尊様への絶対信をもって強盛に題目を唱え、自行化他《けた》の信心に住していけば、諸天善神の守護のもと、必ず諸難を乗りきることができることを確信し、もって今日《こんにち》の難局を乗りきられますよう心から念じ、本日の挨拶といたします。

〔唱題行（七月十一日）・令和二年九月号28ジペー〕

⑩ 一人も欠けずに仏に成《な》る

本日はお忙しいなか、またコロナ感染症の影響で様々な障害があるなか、時間を割《さ》いて参加され、まことに御苦労さまでした。

皆様にはこれからも、それぞれの所属寺院において行われる唱題会をはじめ、各家庭においても唱題を続けられ、その功徳《くどく》と歓喜をもって折伏に励み（中略）一人ひとりが大きな功徳を積んでいただきたいと思います。

大聖人様は『上野尼《あま》御前御返事』に、

「法華経《ほけきょう》と申すは手に取れば其《そ》の手やがて仏に成《な》り、口に唱ふれば其の口即《すなわ》ち仏なり。譬《たと》へば天月の東の山の端《は》に出《い》づれば、其の時即ち水に影の浮かぶが如《ごと》く、音とひゞきとの同時なるが如し。故に経に云《い》はく『若《も》し法を聞くこと有らん者は一《ひとり》として成仏《じょうぶつ》せずといふこと無けん』云云《うんぬん》。

文の心は此《こ》の経を持《たも》つ人は百人は百人ながら、千人は千人ながら、一人もかけず仏に成ると申す文なり」（御書一五七四ジペー）

と仰せであります。

すなわち法華経以前の経々の功徳は、先に善根を積んで、そのあとに仏に成ると説く故に成仏するかどうかは定まっていない。しかるに法華経は、方《ほう》便品《べんぽん》に「もし、法を聞く者があれば、一人として成仏しない者はいない」と説かれております。すなわち法華経を持《たも》つ者は、百人は百人ながら、千人は千人ながら、一人も欠けずに仏に成ることができると仰せられているのであります。

されば今、私どもはこの御金言《きんげん》を心から拝信し、戒壇《かいだん》の大御本尊様への絶対の信を持って、強盛《ごうじょう》に自行化他《けた》にわたる信心に住し、いかなる障魔《しょうま》も打ち砕《くだ》き（中略）誓願達成を目指し、尽力されますよう心から願うものであります。

〔唱題行（七月三十一日）・令和二年九月号30ジペー〕

⑪　一途《いちず》に妙法を信じて妙法広布《こうふ》に挺身《ていしん》

大聖人様は『法華題目抄《ほっけだいもくしょう》』に、（中略）

「今の時代の世間の学者達は『ただ信心ばかりで、法門を理解しようとする心がなく、南無妙法蓮華経の題目を唱えるばかりで、どうして悪道に堕《お》ちることを免《まぬか》れることができようか』と言っている。

しかし、これら世間の学者は、法華経《ほけきょう》に説かれているところによれば、いわゆる有解《うげ》無信、すなわち御法門についての理解はあるが、信心がない者であるから、これでは阿鼻《あび》大城に堕ちることは免れ難い。されば、たとえ法門の理解はなくとも、南無妙法蓮華経と唱えるならば、自然に悪道の果報を免れることができるのである。

例えば、蓮華は太陽の光を受けて順々に開花していくが、別に蓮華に心があるわけではない。また、芭蕉《ばしょう》は雷の音で生長すると言われているが、別に耳があるからではない。されば、我ら凡夫《ぼんぶ》は蓮華と芭蕉とのように、無智・無識ではあるが、法華経の題目は日輪と雷との如《ごと》く、その功徳《くどく》は殊勝《しゅしょう》であるから、これを信じて妙法を唱える時は必ず利益《りやく》を受けることができるのである。

犀《さい》の生角《いきつの》を身に付けて水に入ると、水が身から五尺離れて濡《ぬ》れることがないと言う。香木の栴檀《せんだん》の一葉が開くと、四十由旬《ゆじゅん》の広範囲にわたって悪臭を放っていた伊蘭《いらん》の匂いが消え去ると言われている。我ら凡夫の悪業《あくごう》の臭気は、伊蘭と水とのようなものであり、法華経の題目は犀の生角と栴檀の一葉のようなものである。

金剛石《こんごう》は堅固で、いかなるものをもってしても破《やぶ》ることはできないが、羊の角《つの》と亀の甲《こう》だけには破られると言う。五百台の車を陰に覆《おお》つて、なお余りあるくらいに広大に生長するという尼倶類樹《にくるいじゅ》は、大きな鳥にもその枝は折られないが、蚊《か》の睫《まつげ》に巣を作るという小さな鷦鷯鳥《しょうりょうちょう》のためには枝が折られると言う。我らの悪業は金剛石の如く、尼倶類樹の如くである。法華経の題目は、羊の角や鷦鷯鳥のようなものである。琥珀《こはく》はよく塵《ちり》を取り除き、磁石は鉄を吸う。我らの悪業は塵と鉄との如く、法華経の題目は琥珀と磁石との如くである。

かくの如く、法華経の題目は偉大なる功徳と勝《すぐ》れた能力を有していることを説かれているのである。されば各々、かく信じ、かく思いて、常に南無妙法蓮華経と唱えていきなさい」

と仰せられているのであります。

すなわち、当文は譬《たと》えを挙げて、法華経の題目、すなわち本因下種《ほんにんげしゅ》の妙法の殊《こと》に勝れていることを示され、もって一生成仏《じょうぶつ》のためには南無妙法蓮華経を信受することがいかに大事なるかをお示しあそばされているのであります。

まさしく今日《こんにち》、新型コロナウイルス感染症によって、日本のみならず世界中が騒然《そうぜん》としている時、私どもは当抄にお示しあそばされた広大無辺なる大御本尊の功徳を拝信し奉り、いかなる障害や困難が眼前に立ちはだかろうが、一途《いちず》に妙法を信じ奉り、妙法広布《こうふ》に挺身《ていしん》していくことがいかに肝要《かんよう》であるかを知り、なお一層の精進《しょうじん》を願うものであります。

〔八月度広布唱題会・令和二年九月号32ジペー〕

⑫ 和合僧《わごうそう》を破《やぶ》る罪は大きい

提婆達多《だいばだった》は皆さん方もよく御承知の通り、幼いころから釈尊に敵対しまして、釈尊に与えられた白象を打ち殺したり、あるいは釈尊の奥さんとなる耶輸陀羅姫《やしゅだらひめ》を争って敗れたりし、のちに出家《しゅっけ》して釈尊の弟子となりましたけれども、高慢な性格から退転《たいてん》して新教団を創ったり、あるいは釈尊を殺そうとしたりしたのです。いわゆる提婆の五逆罪を犯《おか》したのですが、それでも仏様を殺すことはできなかったのです。だから、仏様の身から血を出《い》だすということは最悪の罪障なのであります。

そしてもう一つ、和合僧《わごうそう》を破《やぶ》るという罪が大きいのです。みんなが一生懸命、異体同心して戦っている、その姿をやっかんで、それを破壊するような行為は、まさに五逆罪のなかに入るのです。

だから、大聖人様は異体同心の大事なることをお説きになって、

「異体同心なれば万事《ばんじ》を成《じょう》ず」（御書一三八九㌻）

とおっしゃっているのであります。この異体同心ということは、我々の広布《こうふ》の戦いのなかでは極めて大切なことであり、みんなが異体同心して、しっかりとお題目を唱えて誓願を達成していくことが大事であると思います。

〔得成寺移転新築落慶法要・令和二年十月号21㌻〕

⑬ 忍耐をもって折伏《しゃくぶく》する

提婆達多《だいばだった》は仏様を殺そうとしたりしたのですから、最悪の逆賊《ぎゃくぞく》の衆生《しゅじょう》であります。しかし、仏様に縁したことによって、そこに未来成仏《じょうぶつ》が保証されたのです。だから、まず縁を結ぶということが、とても大事なのです。

よく下種折伏《げしゅしゃくぶく》と言うように、相手が聞こうが聞くまいが、なにしろ大聖人様の教えを説き、結縁し、折伏するのです。「大聖人様の教えで幸せになれますよ」と、聞き流されようが、反対されようが、まず説くのです。

これは、ある折伏名人と言われる方の話ですが、その人は下種先をいっぱい持っているのです。それで、Aさんを折伏すると、そのAさんはイヤだと言ったとします。そうすると、次はBさんの所へ行くのです。そこでも反対されると、Cさんの所へ行く。そこでも反対されると、しばらくしてまたAさんの所へ戻ってくるのです。そうすると、Aさんは強く言った手前「悪いなあ」と思っているので、少し和《やわ》らぐのです。そのようなことを繰り返して何度も折伏していくうちに、その人はやっぱり入信するようになるというのです。

このなかにはいないと思いますけれども、折伏に行って、けんかになってしまい、「あの人は、いくら言ってもだめだ」などとあきらめてしまってはだめです。けんかはしないで、そうなりそうな時はさっと引いて、時期を見てまた行くのです。折伏がよくできる人はみんな、そうでしょう。縁を、しっかり作っておくのです。

相手がけんかを売ってきても、買ってはいけません。にこにこと笑って、また次に行けばいいのです。こういったことが、やはり折伏の忍耐力ではないでしょうか。忍耐をもって折伏する。そうするといつの間にか、相手は言うことを聞いてくれます。一回言ってだめなら二回。二回言ってだめなら三回。三回でも四回でも、十回でも二十回でもいいのです。その肚《はら》で折伏をしていくと違います。そういう下種折伏をしっかりとしていくことが、やはり大事なのです。

〔得成寺移転新築落慶法要・令和二年十月号22ジペー〕

⑭ 縁を結べば必ず開かれる

大慢婆羅門《ばらもん》というのは博学で、たくさんの弟子を持っていましたけれども、仏様・那羅延天《ならえん》・毘紐天《びちゅう》・大自在天の像を造って高座の四足に置き、自分は仏達よりも偉いんだと、その上に乗ったということです。こういう莫迦《ばか》なことをする人ですから、のちには当然、地獄《じごく》に堕《お》ちたのであります。

それでも、逆縁成仏《じょうぶつ》ということがあり、「縁なき衆生《しゅじょう》は度《ど》しがたし」という言葉もあるように、縁を結ばせておくと、やがていつかは必ず、それが開かれてくるのです。一番いけないのは、だれにも縁しないこと、つまり折伏しないことです。逆縁であろうとなんであろうと、折伏を根気よく続けていけば、いつの間にかそれが折伏の成就《じょうじゅ》にもつながり、逆縁の人達も本当に救われていくのです。

〔得成寺移転新築落慶法要・令和二年十月号24㌻〕

⑮ 折伏《しゃくぶく》する人の誠意が大事

折伏《しゃくぶく》は根気が必要なのです。いくら言ってもだめだからと、折伏をやめてしまってはだめなのです。そういうときは、少し時間をおいてまた行くようにしていけば、必ず折伏は実《みの》ります。だから、下種《げしゅ》先をたくさん持っておくことが大事です。

繰り返し繰り返し話をしていけば、どこかで必ず相手がはっと気づくはずです。相手の人の境界も、いつも同じではなく、どんどん変わっていきますから、やはり折伏する人の誠意が大事なのです。

そして、我々が折伏を行じ、また折伏を教えていくことによって、それぞれが相俟《あいま》って成仏《じょうぶつ》をしていくわけです。折伏された人の功徳《くどく》は大きいし、折伏した人の功徳も大きい、それほど折伏の功徳は大きいのです。

だから、信心をしているのだけれども、どうもなあなどと考えている人はいないと思うけれども、もしいたとすれば、折伏をしなさい。自分一人だけの信心ではなく、折伏をするのです。

大聖人様の教えは、

「自行化他《けた》に亘《わた》りて南無妙法蓮華経」（御書一五九五ジペー）

とあるように、自行化他が信心の基本です。この自行化他をしっかりと行じていけば、私達は必ず一生成仏することができるのです。それをやらないということは、宝の持ち腐《ぐさ》れです。この御法を身に受けていながら自分だけの幸せを求めてもだめで、そのような利己主義では爾前権教《にぜんごん》と同じになってしまいます。

〔得成寺移転新築落慶法要・令和二年十月号24ジペー〕

⑯ 折伏《しゃくぶく》の元は慈悲

その人のことを考えて、その時は結果に至らなくても、また次にチャンスを見て、何回も何回も話せばいいのです。根気よく折伏《しゃくぶく》しないと、成果は出ないのです。

十界互具《ごぐ》で、相手も色々な感情を持っていますから、いい感情も、悪い感情も、たくさんあるのです。だから、機をよく見て、一回でだめなら二回、二回目がだめなら三回とやっていけば、何かしらのきっかけで必ず信心に付けます。話を聞いてくださるまで、根気よくしていくのが折伏なのです。

折伏というのは、字を見れば「折り伏す」と書くから、相手をやっつければいいのだろうと思って、もちろん邪義邪宗の考えは破折《はしゃく》しなければなりませんが、その人物までも否定してしまってはいけないのです。やはり我々の折伏の在り方は、常に慈悲が元になければなりません。

これは言っても、みんな、なかなかできないのですが、どうしたらいいかと言えば、しっかりお題目を唱えて折伏に行けばいいのです。そうすると、お題目の功徳《くどく》で自然に、退くところはさっと退いて、攻めるところは攻める、そういうようにできるのです。

しかし、お題目を唱えていないと、凡夫《ぼんぶ》の知恵ばかりが先に立ち、けんかになったりして、だめになってしまうのです。こういうことは、私が言うまでもなく、皆さん方は百も二百も承知ですよね。やはり、しっかりお題目を唱えて、根気よく折伏しなければなりません。

〔得成寺移転新築落慶法要・令和二年十月号27ジペー〕

⑰ 謗法《ほうぼう》があれば成仏《じょうぶつ》できない

謗法《ほうぼう》があったならば、私達は成仏《じょうぶつ》できません。大聖人様が、

「謗法を責《せ》めずして成仏を願はゞ、火の中に水を求め、水の中に火を尋ぬるが如《ごと》くなるべし。はかなしはかなし。何《いか》に法華経《ほけきょう》を信じ給《たま》ふとも、謗法あらば必ず地獄《じごく》にをつべし」（御書一〇四〇㌻）

と仰せでありますから、地獄に堕《お》ちないためには謗法を破折《はしゃく》して、しっかり折伏するのです。

私達一人ひとりには、謗法の害毒の恐ろしさを教え、謗法によって塗炭《とたん》の苦しみに喘《あえ》ぐ人々を一人でも多く救っていく、地涌《じゆ》の菩薩《ぼさつ》としての役目、責任があるのです。このことを自覚して、

「一文《いちもん》一句なりともかたらせ給ふべし」（同六六八㌻）

との御金言《きんげん》の通り、折伏することが大事であります。

〔得成寺移転新築落慶法要・令和二年十月号28㌻〕

⑱ 自他共の真の幸せを築く

そもそも信心とは理屈ではなく、実践であります。折伏《しゃくぶく》も同様であり、折伏は折伏を実践しなければ折伏したことにはなりません。

大聖人は『三大秘法抄』に、

「題目とは二意有り。所謂《いわゆる》正像《しょうぞう》と末法《まっぽう》となり。正法《しょうぼう》には天親《てんじん》菩薩《ぼさつ》・竜樹《りゅうじゅ》菩薩、題目を唱へさせ給《たま》ひしかども、自行計《ばか》りにして唱へてさて止《や》みぬ。像法には南岳《なんがく》・天台等は南無妙法蓮華経と唱へ給ひて、自行の為《ため》にして広く化他《けた》の為に説かず。是《これ》理行の題目なり」（御書一五九四㌻）

と仰せであります。

すなわち、ここで仰せの「理行の題目」とは、正像過時《かじ》の題目にして「自行の為にして広く化他の為に説かず」と仰せのように、自行化他にわたる信心ではなく、化他行たる折伏を忘れた信心であり、自分自身の利益《りやく》のみを求めた利己的な信心であって、末法の今、大聖人の御正意《しょうい》にかなう信心とは言えません。

大聖人は『持妙法華《ほっけ》問答抄』に、

「願はくは『現世安穏《あんのんごしょう》後生善処』の妙法を持《たも》つのみこそ、只今生《ただこんじょう》の名聞《みょうもん》後世の弄引《ろういん》なるべけれ。須《すべから》く心を一にして南無妙法蓮華経と我も唱へ、他をも勧《すす》めんのみこそ、今生人界の思出《おもいで》なるべき」（同三〇〇㌻）

と仰せであります。

まさしく「南無妙法蓮華経と我も唱へ、他をも勧めんのみこそ、今生人界の思出なるべき」との御教示を一人ひとりが心肝《しんかん》に染め、妙法広布《こうふ》に我が身を捧げ、一天広布を目指して折伏を行じていくところに、自他共の真の幸せを築くことができるのであります。

〔百日間唱題行（九月七日）・令和二年十月号35㌻〕

⑲ 諸宗の人法共に折伏《しゃくぶく》して御覧ぜよ

『如説《にょせつ》修行抄』には、

「権実雑乱《ごんじつぞうらん》の時、法華経《ほけきょう》の御《おん》敵を責《せ》めずして山林に閉ぢ籠《こも》りて摂受《しょうじゅ》の修行をせんは、豈《あに》法華経修行の時を失ふべき物怪《もっけ》にあらずや。されば末法《まっぽう》今《いま》の時、法華経の折伏《しゃくぶく》の修行をば誰か経文の如《ごと》く行じ給《たま》へる。誰人にても坐《おわ》せ、諸経は無得道堕地獄《だじごく》の根源、法華経独《ひと》り成仏《じょうぶつ》の法なりと音《こえ》も惜《お》しまずよば《呼》はり給ひて、諸宗の人法共に折伏して御覧ぜよ。三類の強敵《ごうてき》来たらん事は疑ひ無し」（御書六七三ページ）

と仰せられているのであります。

まさしく、五濁《ごじょく》乱漫とした末法の今、不幸の根源たる邪義邪宗が蟠踞《ばんきょ》し、ために世の中がコロナ禍《か》や異常気象によって騒然《そうぜん》としている時、私どもは一人ひとりが大御本尊様への絶対の確信を持って「誰人にても坐せ、諸経は無得道堕地獄の根源、法華経独り成仏の法なりと音も惜しまずよばはり給ひて、諸宗の人法共に折伏して御覧ぜよ」との御聖訓《せいくん》のままに、勇猛果敢《ゆうもうかかん》に折伏に打って出なければなりません。

〔百日間唱題行(九月七日)・令和二年十月号36ジペー〕

⑳ 一生成仏《じょうぶつ》のためには折伏《しゃくぶく》が大事

皆様には本年度の折伏《しゃくぶく》誓願達成に向かって、日夜、懸命に御精進《しょうじん》のことと思います。

大聖人様は『持妙法華《ほっけ》問答抄』に、

「寂光《じゃっこう》の都《みやこ》ならずば、何《いづ》くも皆《みな》苦なるべし。本覚の栖《すみか》を離れて何事か楽しみなるべき。願はくは『現世安穏後生善処《あんのんごしょう》』の妙法を持《たも》つのみこそ、只今生《ただこんじょう》の名聞《みょうもん》後世の弄引《ろういん》なるべけれ。須《すべか》く心を一にして南無妙法蓮華経と我も唱へ、他をも勧《すす》めんのみこそ、今生人界の思出《おもいで》なるべき」

（御書三〇〇ジペー）

と仰せであります。

この御文は、一生成仏を期す私どもの信心にとって、いかに折伏が大事であり、不可欠であるかを示された極めて重要な御教示でありますが、改めて御文中の「須く心を一にして南無妙法蓮華経と我も唱へ、他をも勧めんのみこそ、今生人界の思出なるべき」との仰せを心肝《しんかん》に染め、なお一層の精進をもって、いよいよ折伏に励んでいかなければならないと思います。（中略）

されば、今こそ私どもは、新型コロナウイルス等の万難《ばんなん》を排し、一致団結・講中一結して決然と折伏に立ち上がり、御宝前に誓った折伏誓願を必ず達成しなければならないと思います。

皆様方のいよいよの御活躍を心から願い、本日の挨拶といたします。

〔十月度広布唱題会・令和二年十一月号17ジペー〕

㉑ 逆縁の功徳《くどく》

大聖人様は『法華初心成仏抄《ほっけしょしんじょうぶつしょう》』に、

「仏になる法華経《ほけきょう》を耳にふれぬれば、是《これ》を種《しゅ》として必ず仏になるなり。されば天台・妙楽も此《こ》の心を以《もっ》て、強《し》ひて法華経を説くべしとは釈し給《たま》へり。譬《たと》へば人の地に依《よ》りて倒れたる者の、返って地をおさへて起《た》つが如《ごと》し。地獄《じごく》には堕《お》つれども、疾《と》く浮かんで仏になるなり。当世の人何《なに》となくとも法華経に背《そむ》く失《とが》に依りて、地獄に堕ちん事疑ひなき故に、とてもかくても法華経を強ひて説き聞かすべし。信ぜん人は仏になるべし、謗《ぼう》ぜん者は毒鼓《どっく》の縁となって仏になるべきなり」（御書一三一六㌻）

と仰せであります。

この御文は、皆様方もよく御存じの御文と思いますが、今、改めて拝しますと、まことに大事な御教示がお示しあそばされていることに気が付くと思います。すなわち、この御文は逆縁の功徳《くどく》について述べられておりまして、妙法を耳に触れた者は、たとえ信ぜず反対する人でも、その人の心田《しんでん》に仏種が植え付けられたことになり、それが種となり、熟《じゅく》となり、やがて必ず成仏に至ると仰せられているのであります。

されば、我々は信謗《しんぼう》共に救済する広大無辺なる妙法の絶対の功徳を信じ、一意専心、一人でも多くの人々に強いてこの妙法を説き、折伏を行じていかなければならないことを知るべきであります。

特に、末法今時《こんじ》の本未有善《うぜん》の衆生《しゅじょう》は、直接、法華経を誹謗《ひぼう》していなくても、法華経を誹謗している邪義邪宗を信じて、知ると知らざるとにかかわらず、法華誹謗の罪を犯《おか》していることになり、堕《だ》地獄は疑いないのでありますから、とにかく法華経を強いて説くべきであります。なぜなら、信ずる者は仏と成《な》り、たとえ反対する者も毒鼓の縁となって仏に成るからであります。

〔十一月度広布唱題会・令和二年十二月号25ページ〕

㉒ 功徳《くどく》として来たらざる事なし

大聖人様は『十法界明因果抄《じっぽうかいみょういんがしょう》』に、

「慳貪《けんどん》等無き諸《もろもろ》の善人も謗法《ほうぼう》に依《よ》り亦《また》謗法の人に親近《しんごん》し自然《じねん》に其《そ》の義を信ずるに依って餓鬼《がき》道に堕《だ》することは、智者に非《あら》ざれば之《これ》を知らず。能《よ》く能く恐るべきか」（御書二〇八ジペー）

と仰せられ、謗法の人に親近して、いつの間にか影響を受けて謗法に与同《よどう》してしまうことが間々《まま》ありますが、それを避けるためには、法華経《ほけきょう》を強《し》いて説き聞かせることが肝要《かんよう》なのであります。また、己《おの》れ自身も与同罪を受けることなく、成仏《じょうぶつ》得道の道を歩むことができるのであります。

されば順縁・逆縁、信謗《しんぼう》共に成仏の種子は法華経よりほかはなく、もし世間の人が愚《おろ》かな考えをもって、方便権経《ほうべんごん》でも仏に成《な》れると言うのであれば、なぜ仏は強いて法華経を説いて、謗ずる者も信ずる者も利益《りやく》があると説き、また、

「我身命《われしんみょう》を愛せず　但《ただ》無上道を惜《おし》む」（法華経三七七ジペー）

と説かれたのであろうか。道心ある人は、よくよく心得なければならないと仰せられているのであります。

もちろん、ここで「法華経」と仰せられているのは、法華経の肝心たる寿量品文底《もんてい》秘沈の南無妙法蓮華経のことであります。

故に、大聖人様は『聖愚《しょうぐ》問答抄』に、

「此《こ》の妙法蓮華経を信仰し奉る一行に、功徳《くどく》として来たらざる事なく、善根として動かざる事なし」（御書四〇八ジペー）

と仰せられているのであります。

〔十一月度広布唱題会・令和二年十二月号27ジペー〕

㉓ 未来広布《こうふ》は日蓮大聖人の御遺命《ゆいめい》

本年は「宗祖日蓮大聖人御聖誕《せいたん》八百年の年」であります。この記念すべき大佳節《かせつ》を迎えるに当たり、宗門は、去る平成二十一年七月、総本山に於《お》ける七万五千名大結集の砌《みぎり》、「法華講員《ほっけこういん》八十万人体勢構築」の誓願を立て、以来、法華講全支部が身軽法重《しんきょうほうじゅう》・死身弘法《ししんぐほう》の御聖訓《せいくん》を奉戴《ほうたい》し、異体同心・一致団結して、昼夜を問わず勇猛果敢《ゆうもうかかん》に折伏《しゃくぶく》戦を展開した結果、今回、見事に誓願を達成することが出来ましたことを心からお祝い申し上げます。

更《さら》に、韓国・台湾・アメリカをはじめ海外部管轄《かんかつ》の海外在住の信徒を含めると、百万人に迫る陣容となり、世界広布《こうふ》を視野に入れた大きな成果を挙げることが出来ましたことは、必ずや仏祖三宝尊も御照覧遊ばされていることと慶賀に堪《た》えません。

これも偏《ひとえ》に、国内外の御信徒一人ひとりの弛《たゆ》まぬ努力と、一天広布を願う強盛《ごうじょう》なる信心、更に死身弘法の御聖訓の侭《まま》に折伏を実践してきた結果であり、改めてその健闘を祝すると共に心から敬意を表するものであります。

大聖人は『聖愚問答抄《しょうぐ》』に、

「今の世は濁世《じょくせ》なり、人の情もひがみゆがんで権《ごん》教謗法《ほうぼう》のみ多ければ正《しょう》法弘《ぼう》まりがたし。此《こ》の時は読誦・書写の修行も観念・工夫《くふう》・修練も無用なり。只《ただ》折伏を行じて力あらば威勢を以《もっ》て謗法をくだき、又《また》法門を以ても邪義を責《せ》めよとなり。取捨其《そ》の旨《むね》を得て一向に執《しゅう》する事なかれと書けり。今の世を見るに正法一純に弘まる国か、邪法の興盛《こうじょう》する国か勘《かん》ふべし」（御書四〇三ジペー）

と仰せであります。

未来広布への願業《がんごう》は御本仏宗祖日蓮大聖人の御遺命《ゆいめい》であり、我等本宗僧俗は一天四海本因妙広宣流布《ほんにんみょうこうせんるふ》達成のその日まで死身弘法の聖訓を奉戴して、時を断《た》つことなく折伏を実践していかなければなりません。

各位には、この御聖訓を拝し、猶《なお》一層の決意を以って、異体同心して一天広布を目指し、愈々精進《いよいよしょうじん》されますよう心より願い、新年の挨拶といたします。

〔新年之辞・令和三年一月号4ページ〕

㉔ 折伏《しゃくぶく》を怠《おこた》る者は得道ありがたし

大聖人様は『南条兵衛《ひょうえ》七郎殿御書』に、

「信心ふかき者も法華経《ほけきょう》のかたき《敵》をばせめ《責》ず。いかなる大善をつくり、法華経を千万部書写し、一念三千の観道を得たる人なりとも、法華経のかたきをだにもせめざれば得道ありがたし。たとへば朝《ちょう》につかふ《仕》る人の十年二十年の奉公あれども、君《きみ》の敵をしり《知》ながら奏《そう》しもせず、私にもあだ《怨》まずば、奉公皆《みな》うせ《失》て還《かえ》ってとが《咎》に行なはれんが如《ごと》し。当世の人々は謗法《ほうぼう》の者としろ《知》しめすべし」（御書三二二ページ）

と仰せであります。

この御教示を拝す時、一生成仏《じょうぶつ》を志向する私どもの信心にとって、折伏《しゃくぶく》は何を差し置いても成《な》し遂《と》げていかなければならない、極めて大事な仏道修行であることを知らなければなりません。

すなわち「いかなる大善をつくり、法華経を千万部書写し、一念三千の観道を得たる人なりとも、法華経のかたきをだにもせめざれば得道ありがたし」と、いかに信心が強盛《ごうじょう》であっても、折伏を怠《おこた》る者は「得道ありがたし」と厳しく御教示あそばされているのであります。

〈十二月度広布唱題会・令和三年一月号47ジペー〉

㉕毒鼓《どっく》の縁を手本に折伏《しゃくぶく》を

大聖人様は『法華初心成仏抄《ほっけしょしんじょうぶつしょう》』に、

「仏になる法華経《ほけきょう》を耳にふれぬれば、是《これ》を種《しゅ》として必ず仏になるなり。されば天台・妙楽も此《こ》の心を以《もっ》て、強《し》ひて法華経を説くべしとは釈し給《たま》へり。譬《たと》へば人の地に依《よ》りて倒れたる者の、返って地をおさへて起《た》つが如《ごと》し。地獄《じごく》には堕《お》つれども、疾《と》く浮かんで仏になるなり。当世の人何《なに》となくとも法華経に背《そむ》く失《とが》に依りて、地獄に堕ちん事疑ひなき故に、とてもかくても法華経を強ひて説き聞かすべし。信ぜん人は仏になるべし、謗《ぼう》ぜん者は毒鼓《どっく》の縁となって仏になるべきなり。何《いか》にとしても仏の種は法華経より外《ほか》になきなり」（御書一三一六ジペー）

と仰せであります。

この御文中「毒鼓」とは、皆様もよく御存じの通り、毒薬を塗《ぬ》った太鼓《たいこ》のことであります。涅槃経《ねはんぎょう》のなかに「毒薬を太鼓に塗り、大衆のなかにおいてこれを打つと、聞こうとする心がなくとも、その音を聞く者すべてが死ぬ」とあり、法を聞こうとせず、あるいは信じようともせず反対したとしても、やがて煩悩《ぼんのう》を断じて得道できることを、毒を塗った太鼓、つまり毒鼓を打つことに譬えているのであります。

すなわち、一切衆生《しゅじょう》には皆、仏性が具《そな》わっており、正しい法を聞き、発《ほっ》心《しん》・修行することによって成仏できることを明かされているのであります。つまり、末法今時《まっぽうこんじ》では順縁の衆生はもとより、たとえ逆縁の衆生であっても、文底下種《もんていげしゅ》の妙法を聞かせることによって、正法《しょうぼう》と縁を結ばせ、将来、必ず救済することができると仰せられているのであります。(中略)

私ども一同、地涌《じゆ》の菩薩《ぼさつ》の眷属《けんぞく》たる自覚と誇りを持って、異体同心・一致

団結して「毒鼓の縁」を手本に敢然《かんぜん》として折伏《しゃくぶく》を行じ、誓願達成へ向けて前進していくことが、最も肝要《かんよう》であります。（中略）

時間を割《さ》いて誓願達成へ向けて折伏に励み、もって自他共の幸せを必ず築かれますよう心からお祈りし、本日の挨拶といたします。

〔百日間唱題行満了・令和三年二月号19ジペー〕

㉖ 時を断《た》つことなく破邪顕正《はじゃけんしょう》の折伏《しゃくぶく》を

大聖人は『聖愚問答抄《しょうぐ》』に、

「抑《そもそも》仏法を弘通《ぐずう》し群生《ぐんじょう》を利益《りやく》せんには、先《ま》づ教・機・時《じ》・国《こく》・教法流布《るふ》の前後を弁《わきま》ふべきものなり。所以《ゆえ》は時に正像末《しょうぞうまつ》あり、法に大小乗あり、修行に摂折《しょうしゃく》あり。摂受《しょうじゅ》の時折伏《しゃくぶく》を行ずるも非なり。折伏の時摂受を行ずるも失《とが》なり。然《しか》るに今世は摂受の時か折伏の時か先づ是《これ》を知るべし。摂受の行は此《こ》の国に法華《ほっけ》一純に弘まりて、邪法邪師一人もなしといはん、此の時は山林に交《まじ》はりて観法を修し、五種六種乃至《ないし》十種等を行ずべきなり。折伏の時はかくの如《ごと》くならず、経教のおきて蘭菊《らんぎく》に、諸宗のおぎろ《顧》誉《ほま》れを擅《ほしいまま》にし、邪正肩《かた》を並べ大小先《さき》を争はん時は、万事《ばんじ》を閣《さしお》いて謗法《ほうぼう》を責《せ》むべし、是折伏の修行なり。此の旨《むね》を知らずして摂折途《みち》に違《たが》はゞ得道は思ひもよらず、悪道に堕《お》つべしと云《い》ふ事、法華・涅槃《ねはん》に定め置き、天台・妙楽の解釈《げしゃく》にも分明《ふんみょう》なり。是仏法修行の大事なるべし」

（御書四〇二㌻）

と仰せであります。

未来広布《こうふ》への願業《がんごう》は、御本仏宗祖日蓮大聖人よりの御遺命《ゆいめい》であります。我ら本宗僧俗は一天四海本因妙広宣流布《ほんにんみょうこうせん》達成のその日まで「万事を閣いて謗法を責むべし」との御聖訓《せいくん》を心肝《しんかん》に染め、時を断《た》つことなく、破邪顕正《はじゃけんしょう》の折伏を実践していかなければなりません。

各位には、この御聖訓を拝し、なお一層の決意をもって、今時《こんじ》の如きコロナ禍《か》をはじめ、混迷を極めている現状を打開し、不幸の根源たる邪義邪宗の謗法を対治して、もって講中一結・異体同心して一天広布を目指し、いよいよ御精進《しょうじん》されますよう心より願い、はなはだ粗略《そりゃく》ながら、一言もって新年の挨拶といたします。

〔元旦勤行・令和三年二月号22㌻〕

㉗ 異体同心の団結こそが勝利の要諦《ようてい》

宗門は本年、宗祖日蓮大聖人御聖誕《せいたん》八百年の大慶事をお迎えするに当たり、法華講員《ほっけこういん》八十万人体勢構築の誓願を立て、全国の指導教師ならびに御信徒御一同が異体同心・一致協力し、勇猛果敢《ゆうもうかかん》に破邪顕正《はじゃけんしょう》の折伏《しゃくぶく》を行じてこられた結果、見事に誓願を達成することができ、まことにおめでとうございます。

これもひとえに、各指導教師の強盛《ごうじょう》なる信心と誓願達成にかける赤誠《せきせい》によるものと心からお祝い申し上げます。また、御信徒御一同の懸命なる努力によるものと感謝いたします。(中略)

特に、このたびの戦いを通して思うのは、勝利の秘訣《ひけつ》は、

「異体同心なれば万事《ばんじ》を成《じょう》じ、同体異心なれば諸事叶《かな》ふ事なし」

（御書一三八九ジペー）

との御金言《きんげん》の通り、異体同心の団結こそ勝利の要諦《ようてい》であることを知らなければなりません。

大聖人は『生死一大事血脈抄《しょうじいちだいじけちみゃくしょう》』に、

「総じて日蓮が弟子檀那《だんな》等自他彼此《じたひし》の心なく、水魚《すいぎょ》の思ひを成《な》して異体同心にして南無妙法蓮華経と唱へ奉る処《ところ》を、生死一大事の血脈とは云《い》ふなり。然《しか》も今《いま》日蓮が弘通《ぐずう》する処の所詮是《これ》なり。若《も》し然らば広宣流布《こうせんるふ》の大願も叶ふべき者か。剰《あまつさ》へ日蓮が弟子の中に異体異心の者之《これ》有れば、例せば城者《じょうしゃ》として城を破《やぶ》るが如《ごと》し」（同五一四ジペー）

と仰せであります。

されば、我々はこの御文を拝し、改めて一天広布《こうふ》を目指す戦いにおいて、異体同心の団結がいかに大事であるかを確認し、講中一結して広布への道を進んでいくことが肝要《かんよう》であります。

特に、コロナ禍《か》等によって混沌《こんとん》とした今日《こんにち》の世相を見る時、たとえいかなる災禍が競い起きようが、一人ひとりが地涌《じゆ》の菩薩《ぼさつ》の眷属《けんぞく》としての誇りと自覚を持って強盛に題目を唱えて災禍を克服し、妙法広布に我が身を捧げていくことが勝利の秘訣であることを認識し、戦っていくことが大事であります。

どうぞ皆様には、いよいよ自行化他《けた》の信心に住し、ますます広布のために御精進《しょうじん》くださることを心から念じ、本日の挨拶といたします。

〔一月度広布唱題会・令和三年二月号24ジペー〕

㉘ 正法広布《しょうぼうこうふ》に身を捧げる

立宗七百六十九年の新春を迎え、皆様には決意も新たに、いよいよの精進《しょうじん》をお誓いのことと存じます。

初めに、今回の特別御供養に当たりましては、全国の法華講員《ほっけこういん》には愛宗護法の志をもって尊い御供養を賜《たまわ》り、まことに有り難うございました。

特に、今日《こんにち》のコロナ禍《か》で大変ななか、尊い御供養を頂きましたことを宗門として心から感謝いたします。まことに有り難うございました。頂いた御供養は有効に使用させていただき、御奉公の誠を尽くしていきたいと思います。

さて、本年は宗祖日蓮大聖人御聖誕《せいたん》八百年の記念すべき年であります。宗門は、この千載一遇《せんざいいちぐう》の大佳節《かせつ》を迎えるに当たり、法華講員八十万人体勢構築の誓願を立て、法華講全支部が昼夜を分かたず、講中一結して勇猛果敢《ゆうもうかかん》に折《しゃく》伏《ぶく》を展開した結果、誓願を達成することができましたことを心からお祝い申し上げます。

ただし、折伏結果を見ますと、たしかに全体的には誓願は達成できましたが、残念ながら全支部達成には至っておらず、未達成の支部もあります。（中略）講中一結・異体同心し、全力を傾注《けいちゅう》して折伏を行じ、一支部も漏《も》れることなく、御本尊様とのお約束を守り、必ず折伏誓願を達成されますよう心から願うものであります。

大聖人様は『如説《にょせつ》修行抄』に、

「今の時は権《ごん》教即実教の敵と成《な》る。一乗流布《るふ》の代《よ》の時は権教有って敵と成る。まぎら《紛》はしくば実教より之《これ》を責《せ》むべし。是《これ》を摂折《しょうしゃく》の修行の中には法華折伏と申すなり。天台云《い》はく『法華折伏破権門《ごんもん》理』と、良《まこと》に故あるかな」（御書六七二ページ）

と仰せであります。

この御金言《きんげん》を拝し、今こそ私どもは、正法広布《しょうぼうこうふ》に我が身を捧げ、僧俗一致して御奉公に励んでいくことが肝要と存じます。

皆様方のいよいよの信心倍増を心から念じ、はなはだ粗略《そりゃく》ながら、新年の挨拶といたします。


〔代表信徒お目通り・令和三年一月号27ジペー〕

総本山第六十八世御法主日如上人猊下
御指南集 二十八

令和３年６月15日 初版発行

編集・発行／株式会社 大 日 蓮 出 版
静岡県富士宮市上条546番地の1
印 刷／株式会社 きうちいんさつ

ISBN978-4-910458-03-8